1

Bibliografische Information der Deutschen Nationalbibliothek: Die Deutsche Nationalbibliothek verzeichnet diese Publikation in der Deutschen Nationalbibliografie; detaillierte bibliografische Daten sind im Internet über dnb.dnb.de abrufbar.

Mit Feng Shui zum Wohlbefinden

1. Auflage Februar 2020
© W.J. Marko, Altlichtenwarth Österreich
Alle Rechte vorbehalten
Herstellung und Verlag:
BoD – Books on Demand, Norderstedt
ISBN: **9783750451995**

Mit Feng Shui zum Wohlbefinden

Tipps zur Verbesserung und Harmonisierung Ihres Lebensumfeldes

Inhaltsverzeichnis

Was Feng Shui kann

Feng Shui ist eine alte chinesische Praxis, die Kunst und Wissenschaft beinhaltet. Diese Praxis gibt es schon seit Tausenden von Jahren. Feng Shui stützt sich auf die Gesetze von Himmel und Erde, um den Menschen zu helfen, ihre Energien in einem Raum auszugleichen. Dies soll Ihnen helfen, Vermögen und Gesundheit zu erhalten.

Das Wort "Feng" bedeutet Wind und "Shui" bedeutet Wasser. Übersetzt bedeutet Feng Shui „Windwasser". Die einheimischen Chinesen stellen sanften Wind und klares Wasser an einem Ort auf. Es soll für Gesundheit und gute Ernte stehen.

Feng Shui beinhaltet den Glauben, dass das Land Chi enthält. Chi hat mit Energie zu tun. In früheren Zeiten behaupteten die Chinesen, die Energie des Landes sei gut oder schlecht für andere.

Feng Shui kommt von den taoistischen Idealen, mit der Natur umzugehen. Der Taoismus befasst sich mit

religiösen und philosophischen Überzeugungen. Der
Taoismus hat in Asien einen starken Einfluss.
Der Taoismus ist auch für die Geburt von Yin und Yang
Konzepten verantwortlich. Yin und Yang befassen sich
mit gegensätzlichen Aspekten eines Phänomens oder mit
dem Vergleich zweier Phänomene. Sie repräsentieren die
Qualität der Korrespondenz, die in den meisten
Bereichen der chinesischen Wissenschaft und
Philosophie zu finden ist. Ein Beispiel hierfür wäre die
alte chinesische Medizin.

Darüber hinaus leiten sich die fünf Hauptelemente des
Feng Shui von der alten Chinesischen Praxis ab. Bei einer
Feng Shui Analyse werden der Kompass und der Ba-Gua
verwendet. Das Ba-Gua ist ein Raster in Form eines
Achtecks.

Dieses Gitter hat Symbole des I Ging. In der Tat basiert
Feng Shui auf diesen Grundkenntnissen. Damit Sie die
Bereiche Ihres Hauses mit Feng Shui verbinden können,
ist es wichtig das Konzept von Ba-Gua verstehen.

Der Kompass wird auch als "lo-pan" bezeichnet und
dient dazu, zusätzliche Informationen über eine
Einrichtung zu erhalten. Die Magnetnadel ist von
konzentrischen Ringen umgeben, die strategisch platziert
sind. Das Wort "lo" bedeutet alles und "pan" bedeutet

Schüssel. Lo-Pan wird verwendet, um die Geheimnisse des Universums zu öffnen.

Wenn Sie Feng Shui lernen, müssen Sie mit den Grundlagen beginnen, um den gesamten Prozess zu verstehen. Wenn Sie Feng Shui auf der Grundstufe gut verstanden haben, erhalten Sie phänomenale Ergebnisse. Die Ergebnisse beeinflussen, wie Sie Feng Shui wahrnehmen. Sie werden es regelmäßig in Ihrem Zuhause und in Ihrem Unternehmen verwenden.
Wenn Sie sich mit Feng Shui beschäftigen, erkennen Sie Heilmittel des Feng Shui, um ein besseres Leben zu haben. Es gibt verschiedene Möglichkeiten, um dies zu erreichen. Hier sind fünf davon:

Aquarien

Brunnen

Kristalle

Farben

Uhren

Die Methoden des Feng Shui

Einige der Methoden sind einfach anzuwenden. Wenn es jedoch um den Hauptteil geht, kann es eine Weile dauern, bis man die Konzepte dahinter in ihrer gesamten Tragweite verstanden hat. Feng Shui zu lernen bedeutet sich ganz in die Konzepte einzuarbeiten. Aber keine Angst! Mit den nachstehenden Tipps können Sie extrem viel positives in Ihrer Wohnumgebung erreichen ohne jahrelang Feng Shui studieren zu müssen,

Bei der Arbeit mit Feng Shui sollten Sie immer mit den Grundlagen beginnen und sich dann eine Stufe nach der anderen nach oben bewegen. Dies macht es Ihnen und anderen leicht, mitzumachen. Dann können Sie schrittweise die Stufen zu den Höhen von Feng Shui erklimmen. Hier sind einige Dinge, die Sie implementieren können, um Ihnen den Einstieg zu erleichtern:

Luft und Licht von guter Qualität - Sie sollten dies in Ihrem Zuhause umsetzen, um mit diesen Feng Shui Prinzipien eine bessere Ortsqualität zu erreichen. Sie können von gutem Chi profitieren, wenn Sie Luft und Licht mit guter Qualität einbeziehen.

Um dieses Prinzip umzusetzen, ist es eine gute Idee, natürliches Licht in Ihr Zuhause zu lassen. Die Fenster sollten häufig geöffnet sein. Wenn Sie ein Pflanzenliebhaber sind, investieren Sie mit Pflanzen in eine natürliche Luftreinigungsanlagen nach Feng Shui.

BA-GUA

Die Acht Trigramme des Ba Gua sind zur Weissagung dienende Symbole, welche die Grundlage des altchinesischen I Ging bilden.
Die Trigramme verstehen sich als universales Orientierungsmodell, welches auch Elemente enthält, die die Lebensgestaltung des Menschen beeinflussen.
Die Himmelsrichtungen stehen auch für innere Orientierung wie Stimmungen oder Strukturen der

Persönlichkeit. So entspricht den physischen Qualitäten immer auch eine innere psychische Qualität.

Verwenden Sie das Ba Gua gemeinsam mit dem Kompass in Ihrem Haus. Dadurch können Sie feststellen, welcher Bereich Ihres Hauses mit mit dem passenden Feng Shui Konzept korrespondiert.

Als ersten Schritt beseitigen Sie Unordnung - Sie sollten alles entfernen, was Ihnen nichts bedeutet oder Sie an schlechte Ereignisse oder Gefühle in Ihrem Leben erinnert. Gehen Sie dabei systematisch vor und überlegen Sie bei jedem Gegenstand ernsthaft, ob dieser für Sie positive oder negative Einflüsse hat.

Wenn Sie sich von negativen Gegenständen befreit haben, werden Sie sehr bald merken, das eine positive Energie zu fliesen beginnt und Sie werden sich wesentlich freier fühlen.

Die „Fünf Elemente" (Holz, Feuer, Metall, Wasser und Erde) werden Sie unterschiedlich stark einsetzen, je nachdem welchen Bereich Sie stärken sollten oder wollen. . Dies hängt davon ab, was Sie in Ihrem Leben anziehen möchten. Es hängt auch davon ab, in welchem

Bereich Ihres Zuhauses Sie ein bestimmtes Element implementieren möchten.

Jedem Element ist ein Farbe zugeordnet. Darüber hinaus müssen Sie Formen integrieren, die dem Element und der Farbe für Feng Shui entsprechen.

Feng Shui und die fünf Elemente

Das Prinzip der fünf Elemente ist für das Konzept des Feng Shui wichtig. Sie arbeiten auf bestimmte Weise in Übereinstimmung mit der Rotation des Produktivität und der Destruktivität. Alle fünf Elemente entsprechen einer bestimmten Farbe. Einige der Elemente verwenden mehr als eine Farbe. Der beste Weg, um diese Elemente zu nutzen, besteht darin, die entsprechenden Farben und Formen für das jeweilig Element im jeweiligen Bereich Ihrer Wohnung einzusetzen.

Nachstehend sind die „Fünf Elemente! und ihre Farben:

HOLZ
Stellt Energie für Gesundheit und Vitalität zur Verfügung. Holz steht auch für Fülle und wird im Feng Shui als mittel für Wohlstand verwendet. Das Element

Holz befindet sich nach Feng Shui im Osten und Südosten, wird aber auch gerne im Süden eingesetzt.

Die Farben des Holzelement sind Braun und Grün.

FEUER

Feuer repräsentiert hohe Energie und Leidenschaft. Es liefert Energie für berufsbezogene Dinge. Es wird Ihnen auch dabei helfen, dass Sie für Ihre Leistungen anerkannt werden. Dieses Element befindet sich im Süden, Nordosten und Südwesten Ihres Raums.

Die Feuerelementfarben sind Rot, Orange, Lila, Rosa und Starkes Gelb.

WASSER

Stellt Einfachheit, Fülle und Frische dar, aber auch Ruhe und Reinheit. Wasser ist reichlich vorhanden und gilt als bestimmendes Element im Feng Shui. Es wird typischerweise in den Nord-, Ost- und Südostbereichen Ihres Raumes verwendet.

Die Wasserelementfarben sind Blau und Schwarz.

ERDE

Stellt Stabilität und Nahrhaftigkeit dar. Das Erdelement ist auch ein Schutz für Ihre Beziehungen. Es kann in den Bereichen Nordosten, Südosten und Mitte Ihres Raums verwendet werden.

Die Erdelementfarben sind beige und gelb.

METALL

Metall steht für Klarheit, Genauigkeit und Effizien. Das Element für Klarheit lässt sich sehr gut mit Licht kombinieren und verstärkt sich dadurch.
Es wird im Westen, Norden und Nordwesten Ihres Raumes verwendet. Das Metallelement sollte in keinem Zuhause oder Geschäft fehlen.

Die Metallelementfarben sind Weiß und Grau.

Die Produktiv- und Destruktivzyklen steuern die fünf Elemente des Feng Shui. Holz ist Teil des Produktionszyklus, der vom Element Wasser erzeugt wird. Der Zyklus geht weiter mit der Erschaffung von Feuer, Erde, Metall und nicht zuletzt Wasser in dieser

Reihenfolge. Der Zyklus hört nicht auf, weil er einen positiven Fluss miteinander aufrecht erhält.

Obwohl es sich um das Gegenteil handelt, hat der Destruktive Zyklus genau so viel Bedeutung wie der Produktive Zyklus. Alles, was negativ ist oder zum Verfall beiträgt, wird entfernt. Dies macht Platz für Dinge, die positiv sind und im Feng Shui Prozess helfen.

Bei diesem Zyklus ist Holz für die Trennung der Erde verantwortlich. Die Erde nimmt wiederum Wasser auf; Wasser löscht Feuer; Feuer schmilzt Metall; und Metall zerschneidet Holz. Auch dies ist ein weiterer Kreislauf, der nicht aufhört.

Sie müssen für jede Richtung unterschiedliche Farben verwenden:

Osten und Südosten - *Dominantes Grün*

Süden - *Dominantes Rot*

Südwesten - *Dominantes Gelb*

Westen und Nordwesten - *Dominantes Weiß*

Mit den Farbschemata können alternative Farben für die Grundfarben verwendet werden.

Blau und Schwarz können für den Osten und Südosten verwendet werden. Alles in der roten Familie kann für den Südwesten und Nordwesten verwendet werden.

Alles in der gelben, beige und braunen Familie kann zusammen in passenden Kombinationen für den Westen und Nordwesten verwendet werden.

Weiß ist die Farbe, die im Norden verwendet wird, weil Metall Wasser erzeugt.

Im Süden kann Grün verwendet werden, weil Holz Feuer erzeugt.

Die Farben müssen nicht für sich stehen. Sie können ergänzt oder mit anderen kombiniert werden, um aussagekräftige Aussagen zu treffen. Mit Feng Shui müssen Sie Balance und Harmonie halten.
Diese Attribute werden benötigt, um den Chi-Fluss in einem positiven Format zu halten.

Yang-Energie kommt aus dem Element des Feuers. Es wird durch die Farbe Rot dargestellt. Andere Dinge, die dazu beitragen, mehr Energie bereitzustellen, sind

Kerzen und Lichter. Wenn Sie mehr Intimität wünschen, was die Nähe anbelangt, wäre Energie auf der Erde erforderlich. Dinge, die zur Energie der Erde beitragen, können Ihrer Ehe auf positive Weise helfen. Sie können Ihnen auch in verschiedenen Beziehungen helfen.

Sie können Dinge wie Kristalle und Keramik verwenden, aber auch Dinge aus Steingut, um dies zu verbessern. Da Metall von der Erde geschaffen wird, kann Metall die Eigenschaften des Erdelementes verstärken. Metall ist auch eines der Yang-Elemente, die sich positiv auswirken. Metall ist auch für die Schaffung von Wasser verantwortlich. Dies kann beim Chi-Flow helfen.

Da Wasser ein Teil des Chi-Flusses ist, hört der Fluss nicht auf. Wasser hilft, Chi in verschiedenen Lebensbereichen fließen zu lassen. Mit Feng Shui gilt fließendes Wasser als ruhig und entspannend. Sie können es verwenden, um die Energie in Ihrem Haus zu verbessern.

Wenn Sie Ihre Karriere vorantreiben oder beginnen möchten, kann Wasser für diesen Zweck verwendet werden. Es steht auch für Wohlstand und Erfolg. Eine gute Sache, um dies zu implementieren, wäre ein Aquarium oder ein Springbrunnen. Dies kann in bestimmten Bereichen Ihres Zuhauses positive

Auswirkungen haben. Ein Ort, für den Wasser nicht empfohlen wird, ist das Schlafzimmer.

Das Holzelement verbindet sich auch mit Ihrem Haus und Garten. Sie können Holzobjekte in bestimmten Bereichen platzieren, um mehr Wohlstand zu erzielen. Sie können in der Nähe von Pflanzen und Blumen aufgestellt werden. Eine andere Sache, die den Wohlstand steigern kann, ist die Installation einer Holzbank im Bereich Ihres Gartens, der für Wohlstand bestimmt ist.

Feng Shui und die Farben

Schwarz

Schwarz ist die Farbe des Geheimnisses. Es bietet auch Schutz. Es symbolisiert die Nacht, wenn es dunkel wird, und es repräsentiert auch einen leeren Raum. Trotzdem verleiht es jedem Bereich Intensität. Wenn es oft verwendet wird, kann es zu einer schweren Atmosphäre führen. Schwarz wird auch verwendet, um Stärke bereitzustellen.

Diese Farbe kann im Osten, Norden und Südosten verwendet werden. Es sollte nicht im Süden verwendet werden. Es kann im Kinderzimmer verwendet werden, aber nur dezent. Es kann auch in den öffentlichen Bereichen Ihres Hauses verwendet werden.

Wenn Sie versuchen, Karrieremöglichkeiten zu finden, können Sie diese im Norden Ihres Wohnbereiches nutzen. Schwarz kann mit Weiß für Möbel kombiniert werden.

Braun

Die Farbe Braun wird im Osten, Südosten und Süden verwendet. Die Energie aus dieser Farbe liefert viel Nahrung. Es kann mit verschiedenen Lebensmitteln und Getränken wie Schokolade und Kaffee in Verbindung gebracht werden.

Braun kann auch für die öffentlichen Bereiche Ihres Hauses verwendet werden. Sie sollten nicht viel von der Farbe Braun für ein Kinderzimmer oder den Südwesten verwenden. Wenn in einem Bereich zu viel Farbe vorhanden ist, kann dies dazu führen, dass Bewohner in ihrem Vorwärtskommen beeinträchtigt werden.

Grün

Diese Farbe steht für Wiederbelebung und einen Neuanfang. Grün versorgt mit Nahrung und bewahrt den Frieden in deinem Leben. Wenn Sie Feng Shui verwenden, sollten Sie verschiedene Varianten von Grün anstelle von nur einem Grün verwenden.

Sie können Pflanzen mit frischem Laub verwenden. Grün ist auch dafür bekannt, Heilung zu bringen. Es kann mehr im Süden, Osten und Südosten verwendet werden.

Es gibt viele Varianten von Grün, die im Feng Shui verwendet werden können.

Rot

Wenn die Farben für Feng Shui im richtigen Kontext verwendet werden, ist Ihre Umgebung der Empfänger einer guten Feng Shui-Energie. Die Farbe Rot trägt zum Feuerelement bei, um Energie bereitzustellen.

Feuer kann als kreativer und destruktiver Aspekt betrachtet werden. Feuer ist ein Symbol für die Sonne, aber auch Leben und Energie, die daraus entsteht. Mit diesem Element in Ihrem Zuhause können Sie Glück, aber auch sexuelle Erfüllung erleben.

Rot steht auch für Leidenschaft und Feier. Die Chinesen benutzen die Farbe Rot für Glück und Fröhlichkeit. In Indien wird die Farbe Rot für Eheschließungen und Hochzeiten verwendet, und im Westen steht die Farbe Rot für Romantik und Mut.

Wenn Menschen dekorieren, wird die Farbe Rot für die Fülle verwendet. Es muss sorgfältig überlegt werden, nicht zu viel Rot zu verwenden. Andernfalls kann es Ärger und übermäßige Stimulation hervorrufen.

Mit Feng Shui kann Rot in Kinderzimmern mit Vorsicht verwendet werden. Es kann auch in den öffentlichen Bereichen des Hauses verwendet werden, z. B. im Ess- und Wohnzimmer sowie im Küchenbereich.

In den Bereichen Ost, Südost, West und Nordwest Ihres Hauses können Sie die Farbe Rot verwenden, Sie sollten jedoch die Menge der Farbe Rot mit Bedacht einsetzen. Rot ist ein perfekter Kandidat für den Einsatz im Süden.

Orange

Orange wird die "soziale" Farbe genannt. Orange ist dafür verantwortlich, die Energie von Feng Shui bereitzustellen, um an lebhaften Gesprächen teilzunehmen und gute Gefühle in Ihrem Zuhause zu haben. Wenn sich die Wintersaison nähert, kann dies eine Erinnerung an die Sommersaison sein. Holzfeuer kommen auch mit der Farbe Orange ins Spiel.
So wie Rot für Feuer steht, steht auch Orange für Feuer. Es ist keine gute Farbe für den Westen und Nordwesten. Darüber hinaus sollten Sie diese Farbe im Osten und Südosten nicht verwenden.
Diese Gebiete werden von anderen Elementen des Feng Shui kontrolliert.

Orange kann für die öffentlichen Bereiche wie Wohn- und Esszimmer, Küche und überall dort verwendet werden, wo die Umgebung Action und viel Energie verlangt. Es ist eine gute Idee, einige orange Zubehörteile zu haben um den Chi Fluss gut lenken zu können.

Da Orange als weiche und warme Farbe gilt, lässt es sich leicht in Feng Shui einarbeiten. Es ist ein wunderschöner Anblick ähnlich einem Sonnenuntergang. Es wertet die Räume auf und hebt sie hervor.

Lila

Übertreibe die Farbe Lila nicht. Diese Farbe ist sehr stark und hat eine Beziehung zum Geist. Es wird nicht für die Verwendung an der Wand empfohlen. Es kann jedoch in einem Raum verwendet werden, in dem Meditation stattfindet. Wenn Sie diese Farbe zu Hause verwenden, verwenden Sie sie nur sehr mäßig. Sie können hellere Farben verwenden. Es kann mit Einschränkungen im Ost-Süd- und West-Bereich eingesetzt werden.

Ein guter Weg, um die Farbe Lila zu implementieren, ist die Verwendung des Feng Shui-Kristalls Amethyst.

Rosa

Die Farbe der Liebe ist rosa. Es kann auch verwendet werden, um die Energie ruhig zu halten. Es wirkt auch, um das Herz zu beruhigen und es mit viel Liebe zu versorgen. Diese Farbe wird hauptsächlich im Südwesten verwendet. Es steht auch im Einklang mit der Ehe. Beim Dekorieren wird ein zartes Rosa verwendet. Wenn es heiße und schwere Energie geben soll, wird Pink verwendet.

Pink eignet sich hervorragend für ein Schlafzimmer eines kleinen Mädchens. Welches kleine Mädchen möchte diese Farbe nicht? Ok, es mag einige geben, aber sie sind wahrscheinlich selten. Es gibt verschiedene gebräuchliche Kombinationen von Rosa, darunter Rosa und Schwarz sowie Rosa und Grün. Pink und Grün stehen für Aktivität. Pink und Schwarz stehen für einen Retro-Stil.

Mit Feng Shui können Rosenquarzkristalle für die Liebe verwendet werden. Die Kristalle haben ein zartes Rosa, das die Seele beruhigt.

Gelb

Die Farbe Gelb erinnert an die Sonne. Es kann jeden Raum aufhellen und bietet eine einladende Atmosphäre. Sie haben viele Möglichkeiten, wenn es um Gelb geht. Diese Farbe ist die beste Wahl für das Kinderzimmer und das Familienzimmer.

Wenn Sie ein trübes Zimmer haben, wird die Farbe Gelb viel Licht hereinlassen. Es liefert das Feuerelement, jedoch in einem weicheren Format als die Farbe Rot. Es ist einfacher, in größerem Maßstab damit umzugehen. Gelb kann auch verwendet werden, um Selbstwertgefühl zu schaffen. Wenn Sie heißes Gelb verwenden, verwenden Sie nicht zu viel davon. Gelb kann im Osten und Südosten verwendet werden.

Grau

Grau wird normalerweise als matte Farbe angesehen, die nicht viel Leben hat. Es gibt jedoch einen Grauton (edles Grau), der als etwas optimistischer als die normale Farbe angesehen wird. Grau wird im Westen, Nordwesten und Norden von Ba-Gua verwendet.

Es sollte nicht zu viel im Osten und Südosten verwendet werden. Holz ist das dominierende Element in diese Bereiche. Ob Sie es glauben oder nicht, grau kann Feng Shui-Energie in die meisten öffentlichen Bereiche Ihres Hauses abgeben.

Es kann einen klaren Fokus auf jeden Raum in Ihrem Zuhause bieten. Grau repräsentiert auch die Energie des Metallelements.

Weiß

Die Farbe Weiß steht für Yoga-Rituale. Mit Feng Shui steht es für Ruhe und Unschuld. Es steht auch für Anfang und Ende. Es hat einen sauberen und frischen Fokus. Es kann für Feng Shui-Zwecke überall in Ihrem Zuhause verwendet werden.

Im Osten und Südosten ist es keine gute Idee, nur Weiß zu verwenden. Sie können andere Farben verwenden, um mit ihm zu mischen.

Sie können in Ihrem Badezimmer mehr Weiß haben. Dies wird bei der seelischen Heilung in Ihrem Zuhause helfen. Es hilft auch neue Möglichkeiten zu eröffnen, die sich Ihnen vorher nicht geboten haben und eine bessere Zukunft zu haben.

Blau

Blau steht für den klaren Himmel und das klare Wasser. Es kann im Osten und Südosten von jedem Raum verwendet werden. Da Blau mit Wasser verbunden ist, ist die Energie für die Versorgung des Holzelements mit Nahrung verantwortlich. Es kann auch für Dekoration oder Kunstgegenstände in Ihrem Heim verwendet werden.

Blau kann auch als Deckenfarbe verwendet werden. Es wurde festgestellt, dass die Schüler in ihrem Studium besser abschneiden, wenn sie in ihrem Lernbereich eine blaue Zimmerdecke haben.

Für die Harmonie würde eine hellblaue Farbe gut funktionieren. Für Ruhe und Frieden würde eine dunkelblaue Farbe besser funktionieren. In Ihrem Schlafzimmer kann eine tiefblaue Farbe eingesetzt werden, um das Einschlafen zu erleichtern.

Für den Süden, Westen und Nordwesten sollte tiefes Blau nicht viel genutzt werden. Blaue und weiße Farben können kombiniert werden, um Energie bereitzustellen.

Ein glückliches Zuhause mit Feng Shui

Die Bereiche, die in Feng Shui integriert sind, sind auf Energie ausgelegt. Es gibt immer Energie um uns herum, die jede Minute des Tages zirkuliert. Sie können dasselbe bei Ihnen zu Hause tun. Das Einbeziehen der Prinzipien von Feng Shui kann Ihnen helfen, ein gesundes und glückliches Zuhause zu haben.

Wenn Sie Ihr Zuhause mit Feng Shui Konzepten verändern, werden Sie feststellen, wie sich die Atmosphäre positiv verändert. Wenn Leute zu Besuch kommen, fühlen sie sich glücklicher, in Ihrem Zuhause und in Ihrer Gegenwart. Wenn die Besucher glücklich sind, werden Sie auch glücklich sein. Wenn Sie zuvor pessimistisch waren, ändert sich Ihr Verhalten in das Gegenteil. Solange Sie den Austausch positiver Energie aufrecht erhalten, werden Sie in der Lage sein, den positiven Einfluss des Chi in der Umgebung zu genießen.

Machen Sie sich mit bestimmten Bereichen Ihres Hauses vertraut. Je mehr Sie wissen, woraus die Bereiche bestehen, desto mehr Erfolg haben Sie, wenn Sie diese Bereiche mit den Prinzipien von Feng Shui verbinden. Auf diese Weise können Sie die positiven Energien auf andere Bereiche Ihres Lebens übertragen, einschließlich Ihrer Beziehungen zu Familienmitgliedern und Freunden.

Schauen wir uns einige Dinge an, die das Chi verbessern können:

Sie sollten eine Verbindung zu Ihrem Zuhause haben. Untersuchen Sie die Bereiche Ihres Hauses und stellen Sie fest, welche Teile nicht den Feng Shui Grundsätzen entsprechen. Was nicht mit Feng Shui im Einklang steht, wird sich irgendwann nachteilig auf Ihr Leben auswirken. Es wird auch dazu führen, dass Sie in diesen Bereichen nicht so viel Energie haben.

Verfallen Sie nicht gleich in Panik, wenn Ihr Zuhause oder Ihre Umgebung noch nicht den Feng Shui Grundsätzen entspricht.

Erstellen Sie einen Feng Shui Fahrplan für sich selbst, den Sie nach und nach abarbeiten können. Stellen Sie es sich einfach als Arbeitsliste vor, die nach und nach abgearbeitet werden muss.

Es wird eine Zeit geben, in der Sie Änderungen in Ihrem Wohnumfeld nicht gleich ändern können. Machen Sie sich selbst keinen Stress, sondern gehen Sie in kleinen Schritten vor. Rom ist auch nicht in einem Tag erbaut worden!

Wenn Sie Unordnung von Ihrem Haus entfernen, bringen Sie mit diesem ersten Schritt mehr Energie in Ihr Zuhause. Ihre Wohnung wird dadurch auch gesünder. Unordnung zu haben bedeutet im Feng Shui Verwirrung und Unentschlossenheit!

Es wird sich für Sie als positiv erweisen, wenn Sie daran arbeiten, Feng Shui in Ihr Leben einzubeziehen. Sobald das Durcheinander verschwunden ist, erleben Sie ein Gefühl der Erleichterung und reduzieren Stress, den Sie möglicherweise deswegen hatten. Dies kann Ihnen auch dabei helfen, einen gesünderen Seelenfrieden zu haben.

Eine Sache, die manche Menschen vermissen, sind Beziehungen, sei es eine Ehe, eine Freundschaft oder eine Beziehung zu Ihren Kindern, Geschwistern, Eltern oder anderen Verwandten. Wie funktioniert das Element „Beziehung" in der Gleichung? Nun, positive Beziehungen können Ihnen mehr Energie geben.

So gut wie alle Menschen möchten das Gefühl haben, dass sich jemand um ihr Wohlbefinden kümmert. Das Aufrechterhalten einer Beziehung erfordert Arbeit und geschieht nicht über Nacht. Es gibt einige, die gesunde Beziehungen haben, und andere bleiben einfach auf der Strecke.

In Bezug auf Ihr Zuhause gibt es einige Möglichkeiten, die Ihnen dabei helfen können, Ihre Beziehungen frisch und positiv zu halten:

Ändern Sie das Format Ihrer Möbel. Wenn Sie genug Platz haben, bewegen Sie diese in einen anderen Winkel oder an eine andere Wand. Ändern Sie einige Ihrer Möbel wie Couch, Bett, Tisch oder Stühle öfters. Immer die gleiche Einrichtung am gleichen Platz beginnt eintönig zu werden und das kann sich negativ auf Ihre Beziehungen auswirken. Wenn Sie Ihre Möbel bewegen, kann dies zu mehr Energie in diesem Bereich führen.

Egal in welchem Bereich Ihres Hauses, konzentrieren Sie sich darauf, zusätzliche positive Energie bereitzustellen. Sie bewerkstelligen dies, indem Sie frisches Obst, frische Blumen oder alles, was frisch ist und auffällt, in Ihre Umgebung einbeziehen.

Ihr Schlafzimmer, Badezimmer und auch Ihre Schränke sollten aufgeräumt sein. Sie sollten Bereiche sein welche Sie auch gerne Besuchern Ihres Hauses zeigen.

Ein Fernseher in Ihrem Schlafzimmer ist nicht unbedingt eine gute Idee. Es bewirkt eine Ablenkung vom eigentlichen Zweck des Raumes.

Stellen oder hängen Sie Bilder von Ihnen und Ihren
Lieben auf, die Sie an positive Erlebnisse erinnern.

Verdrängen Sie keine Menschen und erlauben Sie ihnen
nicht, Sie zu verdrängen. Jeder braucht Raum und Zeit
für sich.

Hören Sie Musik, die entspannt und die Seele beruhigt.
Bestimmte Arten von Musik können in der richtigen
Umgebung großartige Energie liefern!

Mit Feng Shui aus der Sackgasse

Feng Shui funktioniert möglicherweise nicht gut, wenn
sich Ihr Zuhause in einer Sackgasse befindet. Dies gilt
jedoch nicht für alle Häuser. Es gibt einige Häuser mit
einem guten Energiefluss, bei denen der Chi-Fluss
möglicherweise immer noch nicht durchkommt.

Hier einige Erklärungen, warum ein Haus in einer
Sackgasse möglicherweise nicht den richtigen Fluss von
Feng Shui erhält, den es haben sollte:

Wenn sich ein Haus in einer Feng Shui Sackgasse
befindet, gibt es eine Hin- und Herbewegung der

Energie in dem Haus. Die Energie in diesen Häusern schwankt und kann nicht frei fließen. Dadurch fließt weniger Chi durch das Haus.

Hier sind einige Möglichkeiten, wie das Problem der Feng Shui-Sackgasse gelöst werden kann:

Die Landschaft sollte den Feng Shui Konzepten entsprechen und Energie liefern. Die Häuser sollten auch einen hochwertigen Untergrund haben, der stabil ist und standhält. Pflanzen können auch im hinteren Bereich des Hauses harmonisch installiert werden.

Der Gehweg zur Vorderseite des Hauses sollte gebogen sein. Pflanzen Sie auch vor dem Haus etwas Grün und dekorieren Sie es mit bunten Steinen um den Energiefluss zum Haus zu lenken. Zumindest wird die Person, die zu Besuch kommt, etwas zu sehen haben, wenn sie vor Ihr Haus tritt.

Stellen Sie einen Springbrunnen oder fließendes Wasser außerhalb Ihres Hauses auf. Oder Sie könnten ein Vogelbad installieren. Bei Feng Shui sollte der Brunnen oder das Vogelbad in der Richtung installiert werden, in die Ihr Zuhause weist. Außerdem sollte der Wasserstrom in die gleiche Richtung fließen.

Ihre Haustür muss möglicherweise eine bestimmte Farbe haben. Wenn Ihre Tür nach Norden zeigt, können Sie sich für eine schwarze oder blaue Farbe der Tür entscheiden. Da dies für Ruhe steht, müssen Sie sich nicht um viel Verwirrung in und um Ihr Zuhause kümmern.

Denken Sie daran, dass jedes Haus anders ist und es daher einige Häuser in einer bestimmten Feng Shui Sackgasse geben kann, die viel Energie für Feng Shui haben. Es kann einige außerhalb dieses Gebiets geben, die diese Energie nicht haben. In diesem Szenario spielen verschiedene Faktoren eine Rolle.

Warum Sie keine direkte Ausrichtung für die Türen in Ihrem Haus verwenden sollten:

Bei der Verwendung von Feng Shui ist es wichtig, dass die Türen innerhalb und außerhalb der Tür, beispielsweise durch Pflanzen, abgedeckt sind und nicht in einer Flucht liegen, da die Energie sonst zu schnell durch das Haus fließt. Viele Menschen sind besorgt, dass dieser Teil des Hauses in den Hintergrund zu rücken scheint. Es ist jedoch sehr wichtig dem Energiefluss von Anfang an richtig zu lenken, dies betrifft auch den Rest der Räume in der Wohnung. Die direkte Ausrichtung von mehr als einer Tür ist sehr negativ für den richtigen Energiefluss. Es kann zu schlechtem Feng Shui beitragen.

Auch wenn das Konzept von Feng Shui darin besteht, den Energiefluss in Ihrem Zuhause auszugleichen, kann eine direkte Ausrichtung auf mehr als eine Tür nicht funktionieren. Die Qualität des Energieflusses aus Feng Shui nimmt ab.

Ein Bereich, in dem Sie eine direkte Ausrichtung möglichst vermeiden sollten, ist die Vorder- und Hintertür auf einer Flucht. Der Großteil der Energie aus dem guten Feng Shui kommt von der Haustür. Wenn diese beiden Türen ausgerichtet sind, kann die Energie durch die Hintertür ungehindert gleich wieder abfließen . Dies ist nicht gut, da die Energie aus dem guten Feng Shui Ihr ganzes Haus durchdringen muss und mit direkt gegenüberliegenden Vorder- und Hintertüren Ihrem Wohnbereich die Feng Shui Nahrung genommen wird.

Beachten Sie, welche Art von Energie in Ihrem Zuhause erzeugt wird. Wenn es nicht reicht, überlegen Sie, was Sie tun können, um mehr Energie für mehr gutes Feng Shui zu schaffen. Wenn Sie Türen in Ihrem Haus haben, die direkt miteinander ausgerichtet sind, können Sie einige Dinge tun, um diese Situation zu beheben:

Damit Sie die Position der Türen ändern können, müssen Sie möglicherweise die Farbe einer der Türen ändern. Nach dem Farbwechsel ist die Beziehung anders, eine der Türen ist stärker als die andere.

Wo die Energie ist, können Sie einen kleinen runden Tisch platzieren. Die Energie wird an eine andere Stelle gelenkt und die Energie verlangsamt sich. Fügen Sie zur Verbesserung eine Vase oder einen ähnlichen Behälter mit frischen Blumen hinzu. Dadurch wird der Energie mehr Plausibilität verliehen.

Wenn Sie keine frischen Blumen verwenden möchten, holen Sie sich eine Topfpflanze. Mit einer Pflanze wird die Energie auch in eine andere Richtung geschickt.

Der Zweck dabei ist, die Energie in eine andere Richtung umzulenken. Vergessen Sie nicht, Chi einzubauen und den Wasserfluss in eine andere Richtung zu leiten. Es ist wichtig, dass die Energie von Feng Shui in Ihrem Zuhause richtig fließt.

Feng Shui in der Küche

Wenn Sie Feng Shui in Ihre Küche integrieren, müssen Sie einige Untersuchungen durchführen. Sie müssen sich ansehen, wie sie im Haus platziert ist. Die Küche befindet sich normalerweise nicht im Vorderbereich des Hauses befinden. Dafür gibt es einen guten Grund.

Wenn sich die Küche in der Nähe oder an der Vorderseite befindet, kann dies aus Feng Shui Gesichtspunkten zu Problemen mit den Essgewohnheiten und der Ernährung führen. Wenn Sie die Küche im vorderen Bereich des Haus haben, könnten Sie bei jedem Betreten versucht sein, etwas zu essen. Es wäre genauso schlimm, wenn Gäste zu Besuch kämen. Das erste, was sie tun möchten, ist zu essen.

Wenn Ihr Zuhause jedoch mit der Küche auf der Vorderseite angelegt ist, können Sie etwas dagegen tun. Sie könnten einen Vorhang im Bereich des Kücheneingangs installieren. Oder Sie könnten Französisch Türen in diesem Bereich installieren lassen. Eine andere Idee, die Sie umsetzen könnten, ist, etwas vor der Küche zu implementieren, dass ihr Interesse erregt. Dies kann zu einer Ablenkung des tatsächlichen Fokus (der Küche) führen.

Wenn Sie kochen, sollten Sie den Eingang der Küche im Auge behalten. Es gibt viele Küchen, in denen der Herd zur Wand zeigt. Um die Feng Shui Methode umzusetzen, können Menschen, die kochen, einen Spiegel über den Herd platzieren.

Für neuere Häuser planen die Bauherren jetzt oft Kochinseln ein, die sich in der Mitte des Küchenbereichs befinden. Dies wäre eine gute Ergänzung zum Feng Shui Konzept. Wenn sich die Insel strategisch in der Mitte befindet, kann die Person, die kocht, sehen, was in einem anderen Bereich vor sich geht.

Wenn es auf diese Weise eingerichtet ist, können sie weiterhin an den Vorgängen in der Umgebung beteiligt sein und weiterhin Mahlzeiten zubereiten.

In Feng Shui ist der Ofen das Symbol für Gesundheit und Wohlstand. Alle Kochplatten sollten gleichermaßen benutzt werden. Verwenden Sie nicht nur eine oder zwei Kochplatten und lassen Sie den Rest unbenutzt. Wenn Sie alle vier gleichzeitig verwenden, erhalten Sie möglicherweise Geld von mehr als einer Quelle.

Es wurde festgestellt, dass bei den älteren holzbefeuerten Küchenöfen die Energien tatsächlich besser sind, da sie die Feng Shui Methode zur Verlangsamung verwenden.

Während das Mikrowellen-Essen schnell und bequem zubereitet wird, können Sie sich in der Zwischenzeit immer noch gehetzt fühlen. Menschen, die die Feng Shui Methode treu praktizieren, verwenden aufgrund der starken Strahlung keine Mikrowellen.

Die Küche sollte einer der saubersten Bereiche im Haus sein. Es sollte auch aufgeräumt sein. Wenn Sie etwas haben, das nicht richtig oder überhaupt nicht funktioniert, sollten Sie es verwerfen. Etwas zu haben, das nicht oder nicht richtig funktioniert, widerspricht dem Zweck und den Grundsätzen von Feng Shui.

Sie können auch verschiedene Entwurfsmethoden und -muster aus dem Feng Shui Konzept verwenden. Die am häufigsten verwendeten Methoden ist ein „Shaker Stil Konzept", das zeitgemäß mit Volltonfarben und Holzmaserung ausgestattet ist, welches auch mit Schnitzereien und anderen verwandten Gegenständen einhergeht.

Die Küche sollte ausreichend beleuchtet sein und verschiedene Beleuchtungsarten verwenden. Es sollte genügend Platz vorhanden sein, um sich zu bewegen. Je mehr Platz man hast, desto besser. Wenn es bedeutet, dass Sie Maschinen und Geräte bewegen müssen, um mehr Platz zu schaffen, dann sei es so.

Sie brauchen nicht viele Küchengeräte oder Utensilien vor sich. Verwenden Sie nur die Dinge, mit denen Sie kochen werden. Wenn Sie mit diesen Gegenständen fertig sind, können Sie sie in die Spüle legen, um sie später zu waschen. Zumindest werden sie dadurch nicht im Weg sein.

Um die Energie in der Küche zu erhöhen, sollten Sie immer etwas Obst, Blumen oder eine Pflanze auf dem Tisch haben. Dies wird auch die Küche aufhellen, um sie einladender aussehen zu lassen. Kochen in der Küche ist das Herzstück eines gesunden Energieflusses. Sie sollten einen Ort schaffen, an dem Menschen gerne kommen und Ihre Gesellschaft genießen können.

Feng Shui im Badezimmer

Ein Badezimmer ist einer der Orte, an denen Sie Feng Shui zum Zwecke des Wohlstands einarbeiten können. Es gibt verschiedene Strategien, mit denen Sie dies erreichen können.

Farbe - Aus den verschiedenen Elementen können Sie verschiedene Farben auswählen, um Ihr Ziel zu erreichen, mit Feng Shui Wohlstand zu schaffen. Bei Holz sollten Sie Braun und Grün verwenden. Mit Wasser Blau und Schwarz verwenden. Mit Erdelementen können Sie Farben in gelben und braunen Tönen verwenden, z. B. Hellgelb oder Hellbeige.

Kristalle – Es gibt eigen Feng Shui Kristalle, die mit Ihrer Form positiv den Energiefluss lenken. Verwenden Sie Amethyst, Zitrin, Rosenquarz und verwandte Steine aus dieser Kristallfamilie in unterschiedlicher Kombination um das Chi zu steigern.

Bambus - Ein weiteres Feng-Shui Mittel für Wohlstand und Überfluss besteht darin, 8 Stiele Glücksbambus zu haben. Dieses Mittel wird von vielen Menschen angewendet und ist in vielen Blumengeschäften erhältlich.

Es gibt es Leute, die sich nicht so um Ihre Pflanzen kümmern, wie sie sollten. Bambus ist sehr pflegeleicht, und daher auch für diese Menschen gut geeignet. Bambus steht für Ruhe und Entspannung. Alle fünf Elemente von Feng Shui spielen in der Bambuspflanze eine Rolle.

Atmosphäre - Machen Sie aus Ihrem Badezimmer Ihr persönliches Spa. Ein Spa ist ein Ort, an dem Sie sich entspannen können. Bei einer Massage werden Ihnen alle Sorgen der Welt genommen. Alles, worüber Sie nachdenken werden, erfüllt Sie mit einem beruhigenden Gefühl.

Unordnung - Entfernen Sie alles überflüssige oder Unordnungen, die nicht notwendig sind. Wenn Sie Artikel haben, die abgelaufen sind, entfernen Sie diese. Wenn es Dinge gibt, die Sie schon lange nicht mehr benutzt haben, sollten Sie diese ebenfalls entfernen. Sie möchten Dinge in Ihrem Badezimmer haben, die für positive Energie stehen. Wichtig ist auch, dass die Beleuchtung gut ist.

Gesundheit – Alles was Gesundheit für Sie bedeutet können Sie im Badezimmer implementieren. Es könnte ein Bild, ein Gedicht oder ein Zitat sein, das Sie an Gesundheit und Wohlstand erinnert.

Toilettensitz - Der Toilettensitz sollte bei Nichtgebrauch unten bleiben. Damit bleibt die Energie im Raum erhalten und kann nicht ungehindert über die Toilette abfließen.

Spiegel im Feng Shui

Spiegel werden im allgemeinen als Reflexion verwendet. Man benutzt Spiegel im normalerweise um sich selbst zu sehen. Mit Feng Shui helfen sie, Wasser hereinzubringen. Spiegel werden auch verwendet, um den Chi Fluss zu erhöhen und den Raum zu vergrößern. Spiegel können den Energiefluss in einem bestimmten Bereich verändern. Sie sind gut, um Frieden und eine neue Lebenseinstellung zu schaffen.

Im Feng Shui werden drei Arten von Spiegel verwendet. Hier eine kurze Übersicht über die Spiegelarten:

Konvexe Spiegel – Diese Spiegel verkleinern das Bild und dadurch ist es möglich einen großen Bereich ihres Umfeldes einzusehen. Deswegen gelten sie auch als „Augen und Ohren" und werden oft im Feng Shui eingesetzt, sollten aber Immer einen Rahmen besitzen.

Konkave Spiegel – Diese Spiegel vergrößern das Bild und werden im Feng Shui in der Regel nicht verwendet.

Plane Spiegel – Diese Spiegel liefern ein Bild, das von der Größe der realen Wirklichkeit entspricht Mit passender Form und Rahmen werden sie oft im Feng Shui eingesetzt. Sie sind üblicherweise im südwestlichen Teil Ihres Gebiets angesiedelt.

Es gibt auch den **Ba-Gua-Spiegel**, der von den drei oben genannten Spiegeln getrennt ist. Es ist sehr leistungsfähig und wird oft falsch verwendet. Es ist nur für den Außenbereich gedacht, nicht für den Innenbereich. Wenn Sie zu Hause oder in Ihrem Unternehmen nicht die richtige Energie verspüren, ist diese Art von Spiegel für Sie hilfreich. Dieser Spiegel darf nicht zur Dekoration verwendet werden.

Der Ba-Gua-Spiegel wird in konkaven und konvexen Formaten gefertigt. Das Ba-Gua selbst besteht aus Holz und es gibt die Wahl zwischen Grün, Rot oder Gold.

Der Ba-Gua-Spiegel kann gut verwendet werden, wenn Sie sich vor Verletzungen oder Gefahren wie Angriffen auf Sie oder vor Personen schützen müssen, die Sie verletzen möchten.

Sie sollten sich mit einer Person in Verbindung setzen, die mit Feng Shui vertraut ist, damit der Ba-Gua-Spiegel in der richtigen Umgebung platziert wird. Meistens befindet es sich über dem Haupteingang Ihres Hauses. Ein Ort, an dem es nicht platziert werden sollte, ist im Wohnzimmer.

Feng Shui im Schlafzimmer

Um eine positive, intime Beziehung zu Ihrem Partner herzustellen, benötigen Sie ein gutes Feng-Shui Schlafzimmer. Sie werden beide Zeit damit verbringen können, sich zu erneuern, ohne sich mit vielen unnötigen Dingen des Alltages befassen zu müssen.

In Ihrem Schlafzimmer sollte sich idealerweise nur ein Möbelstück befinden, und das ist das Bett. Das ideale Bett ist aus Massivholz gefertigt zusammen mit einer natürlichen Matratze. Die Bettwäsche, die Sie verwenden, sollten aus Baumwolle von bester Qualität sein. Keine Elektronik außer einer Uhr. Verbannen Sie unbedingt Ihr Smartphone aus dem Schlafzimmer!

Ein Teil der Yin-Kultur beinhaltet das Schlafen. Es ist wichtig, dass sich das Schlafzimmer an der Rückseite

Ihres Hauses befindet, wo nur minimale Aktivitäten stattfinden. Ihr Schlafzimmer sollte warm und einladend aussehen. Schließlich ist es der Ort, an dem Sie intime und zärtliche Momente miteinander teilen.

Hier sind einige weitere Feng Shui Vorschläge, die Sie für Ihr Schlafzimmer verwenden können:

Das Schlafzimmer sollte nicht über der Garage platziert werden. Hier können Sie wenig Energie aufnehmen und Probleme mit Ihrer Gesundheit bekommen. Außerdem können elektrische Elemente in der Garage Ihr elektromagnetisches System stören.

Versuchen Sie, im Schlafzimmer keine Gegenstände zu verwenden, die mit Strom betrieben werden. Diese Gegenstände können eine hohe elektrische Ladung hervorrufen.

Das Schlafzimmer sollte deutlich von der Küche, dem Badezimmer, dem Wohnzimmer oder dem Kinderzimmer getrennt sein. Beim Kinderzimmer wäre es ideal, wenn der Schlafbereich vom Spielbereich räumlich getrennt ist, da sonst der Schlaf des Kindes beeinträchtigt sein kann.

Damit die Flammen in Ihrem Liebesleben aufrecht erhalten werden, sollte im Schlafzimmer immer frische Energie vorhanden sein. Dies kann durch Verwendung von Kristallen, Kerzen oder ätherischen Ölen realisiert werden.

Wenn Sie das Schlafzimmer mit gutem Feng Shui füllen, können Sie einen positiven Chi Fluss und sinnliche Energiegefühle aufrechterhalten. Ein gutes Feng Shui Schlafzimmer sollte mit viel Liebe und Leidenschaft erfüllt sein. Es soll auch spannend sein und für Entspannung sorgen.

Hier sind einige weitere Möglichkeiten, wie Sie ein gutes Feng Shui Schlafzimmer erstellen können:

In Ihrem Schlafzimmer soll sich keine abgestandene Luft befinden. Öffnen Sie das Fenster und lassen Sie frische Luft herein, wenn das Wetter es zulässt. Ihr Schlafzimmer sollte von frischer Luft durchströmt sein. Neben der Entfernung der meisten Elektrogeräte ist es auch nicht ratsam, Pflanzen im Schlafzimmer zu haben.

Die Beleuchtung im Schlafzimmer sollte einstellbar sein. Der einfachste Weg, dies zu tun, ist die Installation eines Dimmerschalters. Sie können die Lichter auf einen geeigneten Wert einstellen. Sie können auch Kerzen verwenden, aber kaufen Sie solche, die frei von Schadstoffen sind.

Verwenden Sie Farben, die der Feng Shui Methode entsprechen. Die Farben sollen eine Balance für das Schlafzimmer schaffen. Auf diese Weise können Sie sich einen positiven Energieflusses in Ihr Schlafzimmer bringen. Dies bewirkt auch einen besseren und erholsameren Schlaf. Es wird auch Ihrem Sexualleben helfen. Einige Farben, die im Schlafzimmer gut funktionieren, sind Weiß und Schokoladenbraun.

Wenn Sie Ihrem Schlafzimmer Touch von Kunst verleihen möchten, wählen Sie Teile aus, die Ihre Sicht auf Ihr Leben und Ihre Zukunft auf positive Weise widerspiegeln. Verwenden Sie keine Teile, die das Gegenteil davon darstellen.

Das Feng Shui Verfahren für Ihr Bett sollte wie folgt aussehen: Sie sollten von beiden Seiten Zugang zu Ihrem Bett haben. Das Bett sollte nicht parallel zur Schlafzimmertür stehen. Sie können zwei kleine Tische auf jeder Seite Ihres Bettes haben. Wenn Sie diese Dinge beachten, bleibt Ihr Bett und Ihr Schlafzimmer im Gleichgewicht.

Alle Türen, die mit dem Schlafzimmer verbunden sind, sollten geschlossen sein. Egal, ob es sich um die Eingangstür, die Schranktür oder die Innentür des Badezimmers handelt, keine sollte angelehnt sein. Dadurch bleibt der Energiefluss im Schlafzimmer erhalten. Es wird auch Ihre Beziehung zu Ihrem Partner verbessern.

Sie möchten ein Schlafzimmer haben, das ein Symbol für Vergnügen, Intimität und Liebe ist. Mit der Feng Shui Methode können Sie genau das erreichen.

Feng Shui und das Geschäft zu Hause

Ob Sie es glauben oder nicht, es gibt viele Geschäftsleute auf der ganzen Welt, die die Prinzipien von Feng Shui in ihrem Geschäft anwenden. Viele Asiaten glauben, dass Feng Shui notwendig ist, um ein ordentliches Geschäft und eine ordentliches Geschäftsgebaren zu führen. In der Tat gibt es in den Vereinigten Staaten einige berühmte Geschäftsleute, die Feng Shui verwenden, und sie alle haben in ihrem Geschäft gute Erfolge erzielt.

Viele Menschen haben sich in Unternehmer verwandelt und ihr Büro in ihrem Zuhause eingerichtet. Dies ist ein kostengünstiger Einstieg, da der Aufwand gering ist.

Auf der anderen Seite sind einige Leute, die von zu Hause aus arbeiten, etwas ratlos, weil es für sie schwierig sein kann, ihr Geschäft zu Hause von ihrem Privatleben zu trennen. Ein Unternehmen Zuhause zu haben, überwiegt jedoch die Probleme, die unweigerlich auftauchen, wenn Sie in einem Unternehmen arbeiten, bei dem Sie sich nicht wohlfühlen und mit vielen Menschen konfrontiert sind, die Ihre Energie negativ beeinflussen.

Wenn Sie mit Feng Shui Reichtum und Wohlstand für Ihr Unternehmen zu Hause gewinnen möchten, haben Sie folgende Möglichkeiten, dies umzusetzen:

Sie sollten immer mit einer festen Wand hinter Ihrem Rücken sitzen. Vermeiden Sie es, mit einem Fenster hinter Ihnen zu sitzen.

Sie sollten keine Wand vor sich haben, während Sie an Ihrem Schreibtisch arbeiten oder wenn Sie in Ihr Büro kommen.

Wo immer sich Ihr Vermögensbereich befindet, sollten Sie die Büroausstattung dort unterbringen.

Platzieren Sie die Tische und Stühle in einem strategischen Format, damit Chi harmonisch fließt.

Sorgen Sie dafür, dass immer frische Luft Ihrem Heimbüro vorhanden ist. Dies hilft Ihnen bei der Versorgung mit viel Sauerstoff, der eine wesentliche Erhöhung des Energieflusses in Ihrem Heimbüro bewirkt.

Verwenden Sie keine Pflanzen mit scharfen Kanten, wie z. B. Kakteen, sondern Pflanzen mit harmonisch geformten Blättern. Spitze Kanten spießen quasi die Energie auf und behindern den regelmäßigen Fluss der Energie.

Die Eingangstür zu Ihrem Heimbüro sollte frei von Hindernissen sein. Wenn sich Hindernisse wie ein Tisch hinter der Tür befinden, funktioniert das Chi nicht richtig.

Um die Präsenz von Chi zu verbessern, empfiehlt es sich, einen hängenden Kristall in Ihrem Heimbüro zu installieren.

Ihr Heimbüro sollte einen guten Abstand zu Ihrem Schlafzimmer haben.

In Ihrem Heimbüro sollte es um Produktivität gehen. Die Farben Ihres Heimbüro sollten dies widerspiegeln.

Das Kopiergerät sollte sich nicht in der Nähe der Haupteingangstür befinden. Die Hitze vom Kopierer kann dazu führen, dass Chi nicht richtig fließt.

Befindet sich eine leere Vase in der Nähe der Haupteingangstür, findet das Chi den Weg in die leere Vase. Dies wird sich nachteilig auf die Ihre Umwelt auswirken.

Wenn Sie Kunden haben, die zu Ihnen kommen, platzieren Sie ein Aquarium innerhalb des Vermögensbereichs. Auf diese Weise erzielen Sie bessere Ergebnisse und wahrscheinlich mehr Kunden, was wiederum mehr Geld bedeutet.

Um Chi zum Laufen zu bringen, installieren Sie einen kleinen Innenbrunnen in Ihrer Vermögensecke. Diese Methode hilft Ihnen auch gesundheitlich.

Sorgen Sie dafür, dass Ihre Schreibtische und die Umgebung frei von Unordnung sind. Um dies zu unterstützen, verwenden sie keine Papierfächer auf dem Schreibtisch. Stattdesse verstauen Sie Ihre Papierablagen in geschloßenen Schubladen. Dieses Konzept setzt sich Feng Shui mit positiven Effekten durch.

Achten Sie auf die Art des Lichts, das Sie in Ihrem Heimbüro verwenden. Sie sollten sowohl natürliches als auch künstliches Licht verwenden. Sie können nicht richtig funktionieren, wenn Sie nicht genug natürliches Licht haben.

Sie sollten auch darüber nachdenken, andere Arten von Lichtquellen zu verwenden, beispielsweise Vollspektrumlichtquellen. Diese Leuchten ähneln dem natürlichen Lichtspektrum und sind als gesünder in der Anwendung, da Sie das natürliche Sonnenlicht immitieren.

Es gibt verschiedene Bereiche Ihres Heimbüro, die mit Feng Shui gepflegt werden müssen. Im Norden wird neben Metall auch das Wasserelement eingesetzt. In Ihrem Heimbüro ist es in Ordnung, Bilder mit schwarzen oder weißen Rahmen zu haben.

Der Süden nutzt Feuer als Energiequelle. Sie sollten keine blauen Spiegel oder Wasserbilder haben, die diese Farbe repräsentieren. Der Südosten steht für Bilder, die

Wohlstand und Fülle repräsentieren. Hier wird das Holzelement verwendet. Dabei sollten Sie auf Feuer und Metall Elemente verzichten.

Die Anwendung dieser Feng Shui Prinzipien hilft Ihrem Unternehmen, zu gedeihen und in Wohlstand und Überfluss zu wachsen.

Feng Shui für Ihr Internetgeschäft

Sie können Feng Shui verwenden, um Harmonie für Ihre Websites zu schaffen. Ihre Webseiten müssen richtig ausgerichtet sein.

Stellen Sie sicher, dass die Besucher Ihrer Website einfach navigieren und darauf zugreifen können. Es sollte eine positive Erfahrung für Ihre Webseiten Besucher sein.

Die Seiten sollten sauber sein und helle Farben für den Hintergrund verwenden. Wenn Sie Webseiten mit einer dunklen Farbe erstellen, kann dies eine Abkehr denjenigen bedeuten, die Ihre Website besuchen. Um mit dem Chi Fluss zu starten, können Sie kräftige Farben verwenden.

Weiß und Blau sind einige, die mir in den Sinn kommen. Diese Farben sind die Symbole für Luft und Wasser. Wenn Sie Farben verwenden, die nicht gut zusammenpassen, ist Ihre Website nicht attraktiv. Sie werden schlechtes Feng Shui einbauen, wenn Sie Farben verwenden, die nicht miteinander harmonieren.

Fügen Sie keine animierten Grafiken hinzu, die das Wesentliche der Website beeinträchtigen. Wenn es Teil der Website sein muss, stellen Sie sicher, dass es natürlich aussieht.

Auf Ihrer Website sollte ein Bereich vorhanden sein, in dem ein Logo angezeigt wird. Dieses Logo befindet sich auf jeder von Ihnen erstellten Webseite. Stellen Sie nicht viele Spiele und andere Spielereien auf Ihre Website und Ihre Webseiten. Dies kann die Besucher ablenken.

Ihre Website sollte eine Hauptmenüseite haben. Alle Elemente, die Sie auf der Website platzieren, sollten nicht auf einer Seite des Bildschirms aufgereiht sein und damit den Bildschirm mit zuviel an Information überladen. Der Chi Fluss und damit Ihre Besucher werden mit einer klaren und übersichtlichen Seite wesentlich besser gelenkt.

Lassen Sie Ihre Website nicht so unprofessionell aussehen, dass niemand bleiben möchte. Erstellen Sie Websites, die den Besuchern Harmonie und eine gute Atmosphäre bieten. Wenn Sie Musik aufnehmen möchten, verwenden Sie entspannende Musik. Dies wird dazu beitragen, positives Chi zu erzeugen.

Das Wichtigste beim Erstellen von Websites mit Feng Shui ist, dass sie einfach und übersichtlich sind und nicht überhäuft oder überladen aussehen. Zu viel Information oder ablenkende Elemente auf der Webseite sorgen nur dafür, dass diese die Webseit sehr schnell wieder verlassen und damit der Chi Fluss unterbrochen wird.

Ironischerweise kann eine überfüllte oder überfüllte Website die Person selbst widerspiegeln. Räumen Sie Ihre Webseit genauso auf wie Sie es in Ihrem Heim tun sollten, um einen guten und positiven Chi Fluss zu erreichen.

Sie brauchen auf Ihrer Webseite einen sehr guten Chi Fluss, damit sich Ihre Besucher wohlfühlen und auch bei Ihnen kaufen!

Feng Shui im stationären Handel

Möglicherweise möchten Sie ein Einzelhandelsgeschäft eröffnen. Sie haben viele Produkte, aber keine Ahnung, wie Sie Kunden gewinnen oder binden können, wenn diese erst einmal in Ihrem Unternehmen sind. Wenn Sie zuwenig Kunden haben verstehen Sie nicht, was los ist, und benötigen Unterstützung in diesem Bereich.

Die Anwendung der Prinzipien von Feng Shui kann Ihre Situation sehr positiv verändern. Im Folgenden sehen Sie einige Dinge, die Sie tun können, um die Atmosphäre Ihres Unternehmens positiv zu verändern:

Sie haben zu viele Dinge zusammengefasst. Die Produkte sind schön, aber sie sind in Ihrem Geschäft nicht klar strukturiert. Sie müssen in Ihrem Geschäft Bereiche mit klaren Produktgruppen schaffen, damit der Kund sofort erkennt, wofür die einzelnen Produkte stehen.

Sie werden einige Produkte entfernen müssen und etwas Platz zwischen ihnen lassen. Sie zusammen zu bündeln, ist für den Kunden nur verwirrend.

Versuchen Sie, die Produkte in verschiedene Kategorien einzuteilen. Sie werden rasch einen Unterschied bemerken, wenn Kunden hereinkommen. Die Kunden bleiben länger und beschäftigen sich mehr mit Ihren Produkten. Damit schaffen Sie eine klare Ordnung und helfen den Kunden bei Ihrer Entscheidungsfindung.

Achten Sie darauf, dass die Feng Shui Energie nicht gleich von der Eingangstür zur Hintertür hinaus fließt. Sollte das der Fall sein, erhalten Sie wiederum keine Kunden oder Verkäufe. Sobald der Kunde Ihr Geschäft betritt, muss er von Ihren Produkten angezogen werden.

Machen Sie sich klar, welche Produkte Sie anbieten und welche Vorteile sie haben. Kunden möchten immer wissen, welche Vorteile Sie mit Ihren Waren bieten. Lassen Sie die Kunden wissen, wie sie beim Kauf davon profitieren können?

Der Eingangsbereich und der vordere Bereich sollten gut sichtbar sein. Diese beiden Bereiche entscheiden darüber, ob Ihr Kunde überhaupt das Geschäft betritt.

Ihre Gänge sind nicht klar strukturiert. Sie haben Dinge im Weg, die Hindernisse für den Kunden schaffen. Das sollte nicht sein! Ein Kunde möchte sich im Geschäft ungehindert zu den verschiedenen Warengruppen bewegen können. Schaffen Sie ihnen Platz in den Gängen, damit sie leicht auf die Produkte zugreifen können. Orden Sie Ihre Waren so an, dass die Kunden automatisch zu äquivalenten Waren geleitet werden. Damit fördern Sie den harmonischen Chi Fluss in Ihrem Geschäft.

Einige dieser Vorschläge können auch für das Internet umgesetzt werden. Führen Sie eine Umfrage durch oder fragen Sie einige Ihrer Kunden, welche Änderungen in Ihrem Geschäft für Ihre Kunden positiv wären. Sie könnten durch die Antworten überrascht sein, da Ihre Kunden das Geschäft natürlicherweise mit anderen Augen sehen. Es ist sehr wichtig, dass Sie sich auf die Bedürfnisse der Kunden einstellen. Ohne sie gäbe es kein Geschäft.

Feng Shui Berater, ja oder nein?

Es gibt viele Menschen, die sich nicht sicher sind, was sie als Erstes in Bezug auf Feng Shui tun sollen. Sie benötigen möglicherweise weitere Informationen, um eine Entscheidung darüber zu treffen, ob dies für sie gut ist oder nicht. Wenn Sie die Dienste eines Feng Shui Beraters benötigen, recherchieren Sie sehr sorgfältig und gründlich.

Sie können vorab Informationen online einholen.
Notieren Sie alles, was Sie vom Berater wollen. Es gibt
auch einige Schulen, in denen Feng Shui unterrichtet
wird.

Vielleicht möchten Sie dort nach jemandem suchen, der
Ihnen helfen kann. Sie können auch Personen, die Sie
kennen, fragen, ob sie Empfehlungen haben. Sie wissen
nie, wer diesen Prozess noch durchlaufen hat.

Wenn Sie einige Namen gefunden haben, recherchieren
Sie zu diesen Personen und überprüfen Sie ihren
Hintergrund. Haben Sie keine Angst, nach Referenzen zu
fragen. Gute Feng Shui Berater sollten mehr als bereit
sein, diese Informationen für Sie bereitzustellen. Lassen
Sie sie wissen, wonach Sie suchen. Sobald Sie sich mit
einem Feng Shui Beraterauf einer Wellenlänge befinden
können Sie mit dessen Hilfe Ihr Heim in eine perfekte
Feng Shui Oase verwandeln.

Fazit

Feng Shui wurde entwickelt, um Ihre Gesundheit, Ihr Liebesleben oder Ihre Finanzen zu verbessern. Die Methode hat für die Chinesen seit vielen Jahren enorme Bedeutung. Dieses Buch enthält zahlreiche Informationen, mit denen Sie Ihre Reise in die Fülle und andere Dinge, die Ihr Leben verbessern können, beginnen können.

Wenn Sie dabei auf dem richtigen Weg bleiben und ernsthafte Änderungen in Ihrem Leben vornehmen, werden Sie einen enormen Unterschied feststellen. Sie werden erstaunt sein, wie viel gesünder Sie geworden sind. Ihre Finanzen werden sich kontinuierlich verbessern, wahrscheinlich mehr als Sie sich jemals erträumt haben, wenn Sie die Feng Shui Methode anwenden.

Denken Sie daran, dass nicht alles über Nacht passieren wird und dass es einige Zeit dauern wird, bis sich Ihr Leben zum Besseren ändert.

Viel Erfolg!
W.J. Marko
www.wbe-edition.blogspot.com